Couverture : Ludovic Bugnicourt

Copyright Jean Parizot
www.jean-parizot.com

ISBN 979-10-94968-02-4 - EAN 9791094968024

Lisière

Editions BoD - Books on Demand,
12/14 rond-point des Champs-Elysées, 75008 Paris
Impression : BoD - Books on Demand, Noderstedt, Allemagne

ISBN : 9782322205387
Dépôt légal : Juillet 2020

Jean Parizot

Lisière

Poésie

J'ai tenu ma promesse,
petit enfant.

Je t'ai emmené là où tu voulais aller :
là où le ciel est ciel,
océan l'océan ;

là où plus rien qui fut jadis en toi blessé
puisse souffrir encore,

et où seule
au banquet de ton désir
s'invite et s'illustre

la joie

I
Lisière

Lisière

Elle se trouve partout, cette ombre qui nous devance quand l'enfance s'essouffle, quand quelque chose en nous commence à rendre l'âme alors que sonne l'heure d'un formidable essor : cette ombre qui nous ressemble et qui nous reconnaît sans que nous le sachions, prononce notre nom sans que sous l'entendions, et dont nous emboîtons le pas encore trop leste dans une perspective aux contours incertains.

Il se trouve partout, ce parfum de fantôme qui escorte l'enfance à la lisière du temps dont elle fit son royaume : cette enfance à laquelle on élève, plus tard, un sépulcre d'argent ; cette enfance envolée qui certains soirs exhale, dans un nid de dentelles crépusculaires, un remugle obsédant qui en vomit l'hommage.

Et l'enfant qui alors brûle ses derniers feux s'y égare long' temps, dans ce déchet d'enfance. Car cette ombre le noie, qui lui ressemble tant. Et souvent, sans qu'il sache pourquoi, il se met à courir sans aller nulle part. Souvent, il s'élance soudain, tel un cheval sauvage que sa crinière enflamme sur une steppe froide.

Et lorsqu'à la croisée d'un miroir que lui tend un instant de silence il rencontre celui qu'esquisse son visage, il ne sait rien encore des puissantes saveurs qui lui vaudront, bientôt, de célébrer son plus mirobolant carnage. Il ne sait pas encore que l'aube flambe là où mille plaies l'attendent, et qu'un vieillard, au loin, à la tombée du soir, avec un peu d'avance, lui tend la main.

L'inconnu

Il arrive souvent qu'un écho nous taraude, qui dans l'âme nue sourd : dans l'âme sans apprêt qui s'abandonne à soi, dans cette âme sans fard – et peut-être sans fond – où tout est si bien nous que pour y être encore solidement arrimé, en être encore trop près, bien souvent on l'ignore.

Il arrive souvent qu'une pensée nous assiège jusqu'à ce que nous soyons en mesure de comprendre la raison pour laquelle elle s'obstine de la sorte, jusqu'à ce qu'épuisé par son vacarme intime nous daignions écouter ce qu'elle a à nous dire.

Et à ne pas l'entendre, à ne pas l'écouter, à ne pas lui prêter une oreille attentive, nous ne pouvons jamais nous obstiner longtemps. Ce qu'on ignore encore de ce qui en nous s'éveille, on ne peut s'efforcer d'ignorer trop longtemps l'inextinguible appel.

Car il n'a nullement l'intention de partir, et même se manifeste avec une insistance toujours accrue, l'inconnu qui dehors, sous la neige et le vent, colle sa face lasse à la fenêtre close : au carreau d'une fenêtre dans laquelle il a vu passer une silhouette qu'il lui semble connaître, et derrière laquelle, aussi faible soit-elle, une lumière l'appelle.

Le défi

On éprouve toujours un étrange frisson quand l'aile d'un oiseau que l'on ne connaît pas, et qui peut-être même s'est un instant posé sur l'une de nos épaules pour reprendre son souffle ou sentir notre odeur, effleure notre visage.

Et ce qu'on voit après que son ombre nous a brièvement enveloppé, et qui nous apparaît comme au sortir d'un songe, revêt une lumière tellement différente de l'éclairage auquel notre esprit jusque-là était habitué, qu'on en reste pantois.

Car en cet instant-là, on ne sait pas encore que le monde sur lequel on ouvre de grands yeux ahuris et inquiets, et qu'une bouche bée résume à sa manière, est un miroir duquel il nous faudra tenter d'apprivoiser l'image.

On ne conçoit même pas que l'acte de vivre même exige qu'on relève un semblable défi, ni moins encore bien sûr que si l'on s'y soustrait l'on restera toujours à mi-chemin de soi.

Le continent

Au milieu des étangs et des ajoncs timides,
des cimes qui ondoient et des eaux qui se froissent
sous l'effet de la brise ;

sur la chair des chemins où presque nul ne passe,
dans les prairies humides où s'enfonce son pas,
un homme.

Et en cet homme-là,
communion qui s'amorce sans que même il le sache,
un monde d'impressions, un monde de sensations
et même de sentiments s'énonce.

Et toute chose en lui se transforme en visage.
Tout y devient chemin, que son ferme pas trace.
Et toute voix le nomme sans qu'il n'entende rien.

Cet homme est seul, et là.
Mais parce qu'il y est seul, il y est tout entier :

Aucun ami
ne vient retrancher de son âme
le fardeau sans lequel il ne pourrait apprendre
tout ce que dissimule sa solitude ;

tout ce que dissimulent les humeurs qu'elle engendre :
ce qu'elles couvent et cachent, élaborent et fomentent,
et qui attend qu'il en sache l'intime idiome.

Aucun ami
ne vient entraver son besoin
de savoir chaque jour où se rend son chemin,
de connaître jusqu'où le conduisent ses pas.

Et
doucement la nuit
qui dépèce le monde en glissant l'enveloppe.

Au fond de lui s'étend
ce continent nouveau que le soupçon d'une âme
qui se découvre
enfante.

La rêverie soudaine

Souvent, cet homme jeune encore : cet homme qui aimait les petits chemins creux et les sous-bois humides ouvrait tout grand sa porte et s'élançait vers eux.

Et presque aussi souvent, après qu'il eut bondi comme un jeune chien goinfré de senteurs et de vent, après que sa poitrine eut joué du tambour, une rêverie soudaine, tel un puits de lumière l'éblouissant d'un trait, l'attrapait par la manche et l'attirait à elle.

_ Viens... Viens là ! lui disait-elle, désignant une souche sur laquelle il pouvait se reposer un peu et recouvrer son souffle. Et cette rêverie avait le doux aspect d'une jolie jeune fille.

_ Heu... Moi ? interrogeait alors cet homme : cet homme qui aimait les petits chemins creux et les sous-bois humides ;

et qui évidemment (car il savait fort bien ce qu'on attendait de lui) simulait l'étonnement.

_ Viens, te dis-je ! Approche ! Je voudrais te parler... juste te dire un mot... lui répondait sans plus une bouche alanguie. Puis elle lui souriait en écrivant des yeux des baisers sur ses lèvres et sur tout son visage. Et les mains du jeune homme : des mains encore trop blanches, des mains encore trop frêles, glissaient sur son cou blanc.

_ Me parler... Me parler ? Ah bon ? Mais... Mais oui... oui... bien sûr... je t'écoute... acquiesçait sans délai cet homme un peu farouche parce qu'en l'occurrence un peu trop jeune encore pour avoir de l'audace ; un peu trop jeune encore, certes, mais assez vieux déjà pour témoigner alors à cette rêverie une ardeur intriguée.

Puis il tendait l'oreille à la rêverie soudaine. Il la tendait au vent qui quelquefois faisait cliqueter le feuillage, aux pattes qui couraient en flairant sa présence, aux nuages muets suspendus ça et là. Et tout ce joli monde le regardait, posait sur lui des yeux qui étaient ses propres yeux, et en disait bien plus sur sa propre aventure que ne l'eût désiré sa grande timidité.

*

Puis dans l'oisiveté que tout rêverie imprime aux créatures qui s'éprennent d'un chant qu'elles sentent naître en elles, il observait alors le périple ignoré d'une fourmi dans l'herbe, ou cueillait une tige et en mordillait le bout jusqu'à ce qu'il lui trouve des saveurs inconnues.

Et jamais il ne comprenait mieux que dans ces moments-là ce que disait le vent qui quelquefois faisait cliqueter le feuillage, ou ce qu'était l'effroi d'une petite bête emportée par ses pattes à l'ombre d'un taillis.

Jamais il ne comprenait mieux que dans ces moments-là ce qu'était un nuage, ou encore le voyage d'une fourmi dans l'herbe, ou bien encore le fait de trouver des saveurs à ce jour inconnues.

Car enfin, qu'étaient-elles, ces rêveries soudaines, sinon les fruits sucrés d'une conscience offerte à son propre étonnement, d'une conscience encore au stade embryonnaire de la dégustation de ce qui allait, en lui, se distiller au point de déduire un nectar ?

Qu'étaient-elles, ces rêveries soudaines, sinon le sentiment (encore obscur, certes, mais bel et bien réel) que le monde détenait un secret formidable : un secret qui était encore fort bien gardé, dont il n'avait perçu que quelques éclats épars ?

Qu'étaient-elles, ces rêveries soudaines, dont la plus mince miette était déjà empreinte d'universalité, et dont la perception, aussi rudimentaire et partielle fût-elle, faisait de lui, déjà, une sorte d'initié ?

Qu'étaient-elles, ces rêveries soudaines, sinon précisément la troublante et toujours plus précise intuition qu'il y avait un monde derrière le monde, ou plus exactement dedans : la troublante et toujours plus précise intuition que ce que l'on en voit n'en est finalement que le tangible écrin, et que c'est en soi-même que se crée sa substance et qu'elle se déploie.

*

_ Eh bien... Que voulais-tu me dire ? demandait cependant cet homme, qui n'ayant rien encore entendu de précis croyait sincèrement que rien n'avait été dit. Puis il tendait l'oreille une nouvelle fois.

_ Va ! disait alors, tout bas, la rêverie soudaine.

_ Va ? Ah, mais où veux-tu que j'aille, demandait le rêveur.

_ Va ! lui répétait tout simplement la voix, se penchant cette fois tout près de son oreille ; contre le pavillon frémissant de laquelle s'en échouait le souffle.

_ Va ? C'est tout ?

_ Oui, c'est tout. Pourquoi ?

_ Mais, tu voulais me parler, disais-tu...

_ Eh bien, voilà qui est fait. Ne t'ai-je pas dit, d'ailleurs, que je voulais en fait juste te dire un mot ?

_ Un mot ? Tu ne voulais vraiment me dire qu'un seul mot ?

_ Oui, et c'était ça le mot... Va ! Mais qu'y a-t-il ? Tu ne le comprends pas, ce mot ? Il est pourtant, n'est-ce pas, d'une simplicité proprement enfantine...

_ Oui, c'est vrai. C'est vrai qu'il n'est pas compliqué, ce mot. Mais en même temps, vois-tu, il en dit tellement peu qu'il en dit beaucoup trop. Parce qu'enfin, « va », c'est bien. Mais encore une fois, si tu ne me dis pas « où », je ne puis qu'être perplexe ; car c'est un peu comme si tu ne me disais rien.

_ Comment ça, « rien » ? Mais va où tu voudras, mon ami. Où tu en as envie... Où il te semble devoir aller... Ou encore, là où le vent te pousse ; je veux bien sûr parler du vent qui est en toi, et qui doit s'aviser d'apprendre à se servir de celui qui, parfois, tout autour de toi souffle.

*

Et l'homme alors allait, plus allant que jamais : cet homme jeune encore, cet homme qui aimait les petits chemins creux et les sous-bois humides, qui ouvrait tout grand sa porte et s'élançait vers eux.

Et plus encore qu'avant, tel un jeune chien goinfré de senteurs et de vent, il regardait le monde poser sur lui des yeux qui étaient ses propres yeux ; et derrière ce monde, ou plus exactement dedans, le visage d'un homme qui lui ressemblerait.

Voile

Elle se dresse et enfle, superbe, conquérante,
lèche le vent qui passe et s'éloigne jusqu'à ce

que les eaux, enfin, présence de son absence,
pansent la blanche plaie de sa houache fugace,

et que dans un déchet de dentelle expirante
les horizons béats qui s'étendent l'enlacent.

Arrogante, elle présente à l'uniforme espace
la prestance d'une arche immense.

Dans la bouche béante de l'océan sa langue
d'imminentes conquêtes en avance proclame,

et sous le ciel qu'elle scie s'élance sa lame hissée
qui se cabre et déjà tout doucement s'efface.

Et pourtant que sait-elle
de la brise qui s'apprête à l'emporter au loin ?

Que sait-elle, pourtant,
du pays et des cieux où l'emmène son cap,
et de son désir même, de l'envie qui l'anime
et déjà la soustrait aux songes qui l'ont conçue ?

Que sait-elle donc du chant dont s'enivre son aile,
et que la trace blanche de sa traîne éphémère,
aux noces de son essor, en bouillonnant escorte ?

*

Elle ne sait pas encore
qu'il lui faudra longtemps s'alimenter d'orages
et tisser son voyage aux muscles des tempêtes.

Elle ne sait pas encore
qu'il lui faudra du temps, et même beaucoup de temps,
pour rallier le rivage dont les flots se pourlèchent.

Elle ne sait pas encore
que ce rivage n'est qu'un périlleux mirage

et que tout est naufrage
quand on ne reste pas bien sagement chez soi.

*

Mais qu'importent les flots qui mordent son étrave
et le roc enragé qui enfoncera son croc
dans sa coque harassée ?

Qu'importe donc l'échec,
quand le voyage était précisément celui
qu'un rayon de soleil nous promettait toujours
avant de disparaître,

et que l'on en rêvait
piteusement assis sur le sable mouillé,
un visage d'enfant pour unique bagage ?

II
Émissaires

Un homme

J'ai vu passer un homme : l'un de ces inconnus qu'inventent les chemins, qui n'ont d'autre chez-soi que ce regard de braise qui vous brûle le cœur quand d'une main qui sait vous lui tendez du pain.

J'ai vu passer un homme : l'un de ces inconnus sur l'épaule desquels un maigre ballot s'accroche, dont la bouche scellée retient de ces secrets qui pèsent comme une enclume, et dont jamais les lèvres semblent n'avoir souri.

J'ai vu passer un homme, là-bas, sur le chemin. Et les arbres l'ont pris. Et le vent s'en pourlèche. Et les milliers de bras de la nuit se déversent et resserrent sur lui leur innombrable étreinte.

Et le téton lunaire qui le surplombe allaite l'ébauche d'un rêve auquel mon âme déjà s'attelle ; et dont elle sait qu'un jour, lorsqu'elle sera bien mûre et ouvrira ses ailes, il la transportera pour qu'à son tour, enfin, les arbres et le vent, et les bras de la nuit qui sur l'homme qui passe se déversent et resserrent leur innombrable étreinte, la capturent un soir au détour d'un chemin.

Des bêtes que je connais...

Dans la nuit viennent boire des bêtes que je connais, des bêtes qui se connaissent et me connaissent aussi. Elle n'ont aucun visage. Leurs gueules sont muettes. Leurs silhouettes n'ont pas de contours définis.

Mais leur soif est intacte. Leurs pattes sont expertes. Et jamais une branche sous leur masse ne craque, ni ne crisse une feuille, ni ne parle l'eau claire quand leur gueule s'y plonge et que leur langue y creuse.

Dans la nuit viennent boire des bêtes que je connais, des bêtes qui se connaissent et me connaissent aussi. Elle n'ont aucun visage. Leurs gueules sont muettes. Et leurs yeux disparaissent sous leur pelage épais.

En forêt

J'entrerai en forêt, dans cette terre d'exil que chacun porte en soi. Et ses arbres seront les énormes colonnes de mon palais.

J'y trouverai des bêtes qui me ressembleront, chacune à leur manière. Et chacune d'entre elles, après avoir un peu reniflé mes empreintes, mangera dans ma main les baies qu'en arrivant j'aurai cueillies pour elle.

Puis ces bêtes, enfin, escorteront mes pas. Elles seront belles et douces, et sages comme des anges. Leur truffe frémira comme si chaque souffle leur était un baiser, comme si chaque senteur détenait un secret qu'elles seules connaissent.

Et je les aimerai de cet amour qui sait qu'il n'est jamais trop tard pour que tout recommence. J'aimerai le crisse-ment des feuilles sur lesquelles se poseront leurs pattes, l'étonnement timide de leur regard humide et le miroir pudique de leur silence.

Je les aimerai en somme de cet amour immense qui se déverse en nous comme une aile s'étend pour embrasser le ciel, comme s'ouvre une fleur, comme chante un oiseau, comme une pierre attend.

Car l'innocence est telle qu'il n'est plus rien en nous qui ne s'y reconnaisse, pour peu qu'on ait la force, ou plutôt la sagesse, de se perdre en forêt.

Immunité

Les nuages tordaient quelquefois dans l'azur des muscles de galériens qui fomentaient au loin quelque onctueux carnage ; et sans craindre l'orage l'homme les regardait.

Les ruisseaux s'emplissaient de gueules qui aboyaient, leurs cascades enflaient comme des langues hurlant d'effrayantes menaces ; et sans être mordu l'homme y plongeait ses mains.

Les chemins décrivaient de singuliers méandres, se perdaient en forêt ou longeaient en tremblant des falaises gourmandes ; et l'homme, chaque soir, en revenait pourtant.

Car ce monde était sien. Il était là chez lui : chaque pierre, à ses yeux, possédait un visage, chaque fleur distillait un parfum de son cru.

Il n'y était rien pour lui qui ne possédât une âme ; et aucune de ces âmes, innombrables pourtant, qui ne fût un miroir dans lequel chaque jour il ne se reconnût.

III
Sentinelle

La quête

Dis, qu'est-ce que tu as, bonhomme,
à poser sur le monde ce regard éperdu :
ces petits yeux de faon qu'un crépuscule effare ?

Tu regardes,
dans les plis d'une jupe qui passe,
si par hasard un ange ne se serait tapi ?

Tu guettes
dans chaque huître
une perle de prix ?

Tu interroges
les femmes aux allures d'hippocampe
dans l'espoir qu'elles recèlent un mystère inouï ?

Et qu'y trouves-tu donc,
sinon ta propre quête :
cet infini...

Le monde te semble étrange...

Je vois bien, mon ami, que le monde, aujourd'hui, te semble plus étrange, qu'il exhale une odeur sur laquelle tu te trouves totalement incapable de mettre un nom.

Je vois aussi très bien que cette étrangeté te le rend plus intense ; et qu'au surplus, ensuite, au-delà du visage inconnu qu'il te montre, de cette intensité tu t'étonnes également.

N'est-ce du reste pas, plus que ce monde même, plus encore que le fait qu'il n'ait encore de nom, ou qu'il n'ait plus de nom, cette intensité-là, ou le sentiment même que tu en as, qui te paraît étrange ?

N'est-ce donc pas plutôt parce que ce monde-là te semble être le fait d'une autre créature, d'un intrus qui se serait insinué en toi sans que sur le moment tu en eusses connaissance, que tu éprouves un trouble sur lequel tu te trouves totalement incapable de mettre un nom ?

N'est-ce donc pas plutôt parce que ce monde-là te semble être, peut-être, ta propre créature, et qu'il n'est rien de pire, rien de plus effrayant, que de ne rien savoir de ce qu'on porte en soi, que ton trouble t'emporte comme un puissant remous qui jouerait avec toi, c'est à dire dont tu serais toi-même le jouet ?

Indubitablement,
puisqu'il n'est d'autre monde
que celui que nos songes et nos regards enfantent ;

puisque le monde est tel qu'on le découvre en soi
et qu'il n'est que ce que, selon soi, l'on en sait ;

puisque ne s'en altère,
ou bien ne s'en invente,
ou même ne s'y crée,

que ce que le regard
en s'y plongeant
y voit,

que ce que le regard
en s'y plongeant
en fait.

C'est pourquoi tu as tort de nourrir des pensées qui s'engendrent sans cesse et t'emportent au loin, de ces pensées qui font que l'on peut en venir à s'égarer en soi comme un explorateur sur des terres inconnues.

Tu as tort de négliger de prendre, en ce monde qui s'ouvre et qui te tend les bras, la mesure de toi-même : ce monde dont l'étreinte, si tu le courtisais dans toute son étendue, serait celle d'un fauve, et la croupe l'échine d'une monture qui rue.

Car ce qui resplendit démesurément brûle. Et ce qu'on aime trop à le savoir s'enfuit ; et sa perte cruelle à force parfois nous tue. Les oiseaux s'effarouchent, qu'on appelle à grands cris, et dont on eût aimé contempler le plumage. Et tout n'est que mirage, de ce qu'on a voulu sans en avoir jamais entrevu que l'image, sans en avoir rien su que ce que l'on souhaitait trop âprement qu'il fût.

Aussi, à ne pas demeurer en des eaux que tu puisses aisément chevaucher, ou du moins sans fournir d'effroyables efforts, à vouloir naviguer sur des flots indomptés dont tu ne saches rien ou presque rien encore, ce n'est pas un visage, mais une gueule en feu, un mufle féroce haché par un tourment furieux, que tu offriras à ceux que tu voudras aimer ; et qui, bien entendu, déclineront d'emblée cet amour qui fait peur.

Et c'est une imprudence que tu paieras fort cher, et même beaucoup trop cher, lorsque ton inquiétude ayant longtemps croupi (et de ce fait ayant atteint son paroxysme), à force de chercher un être qui l'apaise, à force de chercher sans qu'il s'offre jamais le visage qui soit celui que l'âme appelle, enflera sans mesure dans son urgence hagarde.

C'est là une imprudence que tu paieras fort cher, infiniment trop cher, lorsque ta confusion t'envahira au point de devenir un jour, non pas uniquement un banal égarement, non pas tout simplement le lancinant effet d'une tristesse lasse, mais un affolement confinant au naufrage.

Ne te retourne pas !

Ne te retourne pas
quand la route qui va dévore ton village
et tous ceux dont tu aimes et vénères à jamais
les visages de pierre.

Ne te retourne pas
quand monte du fond de toi
le chant de la fontaine sur laquelle donnait
la fenêtre de ta maison.

Ne te retourne pas
lorsque derrière toi, juste derrière toi,
sous la forme familière d'un chien qui t'aime,
les pattes de la nuit qui t'escorte cliquettent.

Ne te retourne pas
lorsque s'énonce en toi, remugle trop limoneux,
la persistante odeur de la tienne charogne
qui du fond de la terre où elle germe t'appelle.

Car c'est ton ombre même,
qui tandis que tes pas succèdent à tes pas
pose parfois sa main sur ton épaule où pèse
le long manteau de deuil de la nuit qui t'emmène.

Le vrai chemin

Dis, fais attention, petit !
Les sentiers sur lesquels ton pas s'oublie te mentent, tu sais :
Il n'est aucun château, qui au cœur du royaume dresse son
fier donjon. Il n'est aucun trésor que dans les plaies béantes
de ses grottes le roc où tu t'agrippes abrite.

Et c'est une forêt remplie de bêtes mortes, que celle dans
laquelle tu t'enfonces gaiement. Tu ne les dorloteras pas,
ces cadavres blottis dans les mousses mouillées, ne les
reconnaîtras même pas, ces mufles qui pourrissent et qu'en
passant le vent dans les feuilles applaudit.

Alors, je te le dis : sois prudent, mon ami.
Car le petit nuage qui tout là-bas s'énonce est un gaz nocif.
D'abord modeste esquif, il dégénère bien vite en une masse
énorme. Lui aussi, il te ment. Lui aussi, il te laisse inventer
un chemin qui ne va nulle part, qui conduit à la nuit qui a
chacun de tes pas son étreinte sur toi resserre.

Et jamais ne luira, dans l'arche du firmament dont les astres frétillent, l'étoile qui t'appelle et aux feux de laquelle tu appartiens pourtant. Jamais n'y réglera son cap, quille enfonçant son soc, l'intime navire glissant sous l'anse du ciel béant.

C'est une voile blessée qui à l'horizon fasseye, que celle dont un vent trop tiède pour être franc invente le voyage. C'est une aile trompeuse, qui d'un geste t'invite et mollement t'évente. Et c'est une aube blême, une livide aurore, et dont les ors trahissent de bien triviaux alliages, qui déjà se profile dans la dépouille même de ton mirage.

Car le silence qui enfle et qui s'installe en toi exige que le fer empoisonné s'y plante, si tu ne veux que le monde qu'un songe enlace y sombre, s'enfonce dans l'abysse où pâlit l'espérance ; si tu ne veux que, lasse, cette espérance-là tout doucement s'efface : palimpseste d'une âme qui pour avoir osé croire enfanter le monde en suivant des chemins qui ne sont pas les siens, en suivant des chemins que n'empruntent que ceux qui ne vont nulle part (et jamais n'en reviennent), accoucherait du néant.

Attends !

Allons ! Tais-toi, petit !
Mais tais-toi donc, voyons !

Que ne gardes-tu donc cette douleur pour toi,
qui est de celles desquelles on ne sait rien encore,
qui est à coup sûr un chant que tu ne sais chanter.

Garde-toi d'en gémir, de cette douleur-là.
Contemple-la, petit. Cultive-la. Choie-la.
Et même, savoure-la, irais-je jusqu'à dire.

Ecoute-la jusqu'à ce qu'elle t'ait tout dit,
jusqu'à ce qu'elle avoue tout ce qu'elle sait de toi,
et comme jamais encore rien d'autre tu n'écoutas,

cette douleur qui un jour, ses maux s'étant faits mots,
ses tourments cois la voix, ou le chant, de ta joie,
te parlera de toi comme on parle d'amour.

Car à vouloir la dire avant qu'il n'en soit l'heure,
tu ne l'entendrais pas, ne la comprendrais pas,
ni moins encore bien sûr ne l'apprivoiserais,

cette intime douleur qui envahit ton âme,
en emplit chaque pli, en affole la flamme,
et à laquelle ton corps en ruant obéit.

Et même, à vouloir l'entonner pour la rendre légère,
loin de te départir de ce qui la nourrit et fait qu'elle sévit,
tu ne ferais encore que l'enfoncer plus gravement en toi,
et tu te sentirais encore mieux incompris, petit.

IV

Parcours

Où courais-tu, jeune homme ?

Où courais-tu, jeune homme, après que la terre glacé eut refermé ses lèvres sur celui dont les jours, sous la forme éreintée de ton filial amour, allaient encore longtemps ricocher sur le monde ?

Où courais-tu, toi dont alors les jambes juvéniles encore s'affolaient et flambaient sous un corps souple et fin comme celui d'un faon qui aurait trop grandi ; et dans la bouche duquel un monceau de joyaux qui l'étouffaient luisait à son insu ainsi qu'à celui de quiconque le rencontrait ?

Où courais-tu, jeune homme, face au phare éternel qu'entre les vagues énormes d'une mer démontée tu voyais clignoter et scintiller d'écume ; cierge immense planté dans l'arche de ta mémoire, et duquel à jamais l'horizon montrerait la flamme magistrale :

un cierge dont tu savais qu'il luirait sans faiblir ; tout d'abord dans la nuit, dans la nuit gigantesque qui te tendait les bras, mais aussi lorsqu'enfin cette nuit ne serait plus tout à fait la nuit mais cette aube livide dont le monde défait en s'éveillant se vêt ; cette nuit détrônée, ruche d'astres au moins éblouissants effets ; cette braise avariée d'un règne qui périclite quand un ange effaré allume sa lanterne sous les derniers reflets de la voûte étoilée, et que déjà s'annonce, bain de lumière auquel préside au ciel un fruit, une idée de zénith.

Car après que ton deuil se serait essoufflé dans un ultime essor, dans le dernier essor de ce qui se délite pour s'être exaspéré ; après qu'il se serait finalement écrasé comme une vague déferle, aurait enfin vomi sa dépouille encombrée par ses lambeaux de chair, il s'offrirait soudain sans la moindre réserve, le visage du monde au rivage duquel tu aurais abordé : visage auquel tu aurais toi-même d'abord offert ce qui un jour devait devenir ton visage ; visage dont toi seul reconnaîtrait les traits, et rivage sur lequel tu serais seul encore, radicalement seul, mais délivré.

Et c'en serait fini, de cette nuit dans laquelle, tout au fond de laquelle, une bouche – la tienne – aurait poussé le cri duquel aurait germé la parole qui alors te serait un chant : cette parole même dont tu colligerais à chacun de tes pas les fleurs éparpillées sur le bord du chemin pour t'en faire un bouquet et y plonger un jour ton visage ravi.

C'en serait bien fini, de cette nuit qui en toi se serait disloquée, qui aurait découvert, ainsi que l'ignorance ne se connaît qu'où cesse son vil empire, ce que sont à la fois la cécité de l'âme et celle de l'esprit, l'obscurcissement des sens et de l'entendement.

*

C'est là que tu allais, jeune homme, athlétiquement sis dans la persévérance à être chaque jour un peu plus que toi-même, ou un peu plus toi-même que tu ne l'avais été la veille et l'avant-veille ; et cependant veillant à ne jamais laisser derrière toi s'éventer les erres du miroir qu'une fois de plus tu avais en hurlant traversé : en hurlant de douleur, parce que ses bris entraient dans ton âme fleurie ; mais aussi en hurlant de cette joie féconde par laquelle quiconque en se sachant s'engendre.

Car c'est par une plaie que toute victoire commence. Et ce n'est que s'il plaît au règne du temps qui passe qu'on se fasse en fouissant dans une forêt de ronces un chemin de traverse : un chemin que l'on ouvre et découvre soi-même, qu'on retrouve les traces qui dans la terre blessée – terre dont le labour a retourné les chairs pour qu'elle nous avoue tout – nous parlent encore d'hier ; et nous en parlent alors avec des mots qui sauvent, avec des mots longtemps et patiemment forgés, et que parmi mille autres, orpailleur acharné, on trouve comme l'or dans une mare de boue.

Ce n'est que si l'on veut au point de l'exiger, et qu'on croise le fer avec son plus sauvage et vigoureux fantôme, qu'au risque de la défaite on rencontre celui qui nous ressemble au point que notre miroir lui-même un beau jour s'y méprend : celui qui rend à l'être endeuillé de lui-même cette voix qui jaillit comme une source innée ; source ignée dont le suc enflamme enfin la torche qu'on porte en soi, torche hurlante de joie qui déjà se pourlèche de plus fraîches entrailles.

Ce n'est que si l'on si l'on fouille infatigablement les plus petits recoins de cette fenêtre intime, du spéculaire autel sur le marbre duquel repose en filigrane l'ancêtre que nous fûmes (que nous fûmes et pourtant dont le sang fume encore), qu'on oblige cette âme à tenter d'étancher cette soif que les êtres qui furent blessés – secrètement blessés – dans le silence éprouvent : cette soif qui est pourtant intarissable, cette soif insensée, qui est le propre de ceux qui se sont survécus.

Ce n'est que si la vie, après avoir jeté son rescapé brisé dans un buisson d'orties, trouve en lui ce guerrier qu'un indomptable amour avec ardeur anime, qu'elle essaime et prospère là où la terre semblait à tout jamais aride, et qu'avec elle, enfin, on pactise à nouveau comme on partage un verre avec l'ennemi juré : cet ennemi qu'une ivresse magnanime nous livre comme un gibier de choix qu'exténua sa lutte, mais dont la chute fit un prince dont le naufrage est le triomphe même.

*

Mais avant ça, jeune homme, que restait-il de toi ? Que
restait-il de toi, quand amputé de l'homme au visage duquel
tu empruntais le tien, et dont le cœur battait dans ta
poitrine en feu, tu donnais au démon qui t'emportait au
loin sa pâture de cris et de blessures choyées : de blessures
auxquelles tu t'exposais sans frein parce qu'elles creusaient
à même le terreau de ton âme, et de cris qui alors étaient
l'unique chant que tu pusses chanter ?

Que serait-il resté de celui que tu étais, ou plutôt de celui
que tu n'étais pas encore, si de ta bouche ouverte où la
mort déposait ses venimeux baisers ne s'étaient en échange
écoulées des rivières, ne s'étaient échappés des oiseaux
bigarrés, et des parfums humés par la nuit confidente ?

Que serais-tu devenu, si tu avais eu peur et avais renoncé
à soumettre le fauve qui triomphait en toi, à le dompter afin
d'en faire ton serviteur ? N'aurais-tu pas sombré ? N'aurais-tu
pas glissé sur la pente fatale conduisant au ravin dont nul
ne revient ? Ne l'y aurais-tu rejoint, cet homme qui venait
de donner à la mort le visage duquel elle s'était parée ?

Peut-être, oui. Car à maintes reprises tu as jadis songé au
fabuleux essor qui scelle l'union dernière où tout devient

léger, où le monde n'est plus qu'une plume arrachée à quelque oiseau qui monte et que le ciel avale pour ne jamais le rendre.

Et c'est uniquement parce qu'en toi le démon – cet ange mal léché – te demeurait fidèle, parce qu'à chaque naufrage il exigeait de toi que tu fusses toujours un peu plus vigoureux que le bras qui t'avait une fois de plus défait, que tu ne le fus pas irréversiblement, que tu sus te convaincre de ne pas te renier, de ne pas te jeter dans l'œil lavique et noir du séduisant volcan qui ébouillantait ton âme.

C'est au démon, jeune homme, au démon salvateur sous l'injonction duquel, toujours presque toi-même et cependant en quête de ce que contenait ce « presque » qui s'esquivait, tu t'appelais « je suis », tu t'appelais « j'ici », tu t'appelais « j'essaie », que tu dus de survivre ; et même après avoir presque étreint le néant, de te redécouvrir comme au tout premier jour, comme si l'innocence pouvait toujours avoir une nouvelle chance.

Et c'est ainsi, jeune homme, que tu fusais sans fin dans la brume compacte en cherchant un soleil : un grand soleil tout rond qui ne fût que pour toi, qui te montrât la voie ; et que tu pusses prendre dans tes bras de velours et poser sur ta langue pour communier le monde, pour l'y sentir infondre et propager en toi lumière, chaleur, reviviscence et joie.

Frêle capture

Il n'est pas un endroit où tu ne sois allé sans exhorter en vain les éclipses au rut. Et il n'est pas non plus une seule de tes prières qui ait jamais atteint son gibier convoité, quand dans le sanctuaire des clairières oubliées où le grand bénitier d'une mare infusait tu tombais à genoux comme un géant défait.

Et d'ailleurs, les chemins t'ont vomi, sur lesquels aujourd'hui seule galope encore, quand elle n'est pas trop lasse, la géante monture du vent. Les torrents ont rugi quand glissait sur les pierres la chevelure de celle que tu aimais ; et dont depuis longtemps, comète capricieuse, la crinière lumineuse laboure le ciel en sang.

Oh ! bien sûr que tu les gardes encore sur le rebord des lèvres, ces morceaux de statues trop souvent embrassées. Car c'est là : sur ta bouche, sur cette bouche aux trousses d'un arôme perdu, que se sont échoués les fantômes des femmes arrachées à la nuit.

Et les bêtes issues des arènes de ton sommeil n'y sont jamais rentrées. Jamais elles ne sont retournées, ces reines, aux palatiaux bercails de tes rêves nacrés, navrés et avariés. Jamais tu ne parvins à en saisir au gré de leur galop les rênes. Jamais, de la solide porte derrière laquelle gît la bête agonisante, tu n'as trouvé la clef.

Aussi, quand sur la plage à cette heure-là déserte le pêcheur harassé tire sa lourde barque et dépose sur le sable, entre lune et soleil, son filet plein d'enfants, tu le connais fort bien, le reconnais fort bien, celui dont les petites mains s'accrochent en vain aux mailles où l'océan s'émiette.

Comète

Lorsque le crépuscule eut cousu sa blessure et que la mer, au loin, se rendormit enfin, ce fut sans une plainte que le gond de ton cou doucement pivota, une fois de plus en quête de l'invisible ami qui s'énonçait en toi.

Et lorsque les chemins qui griffaient la colline se furent enfoncés dans son arche de chair soudainement obscure, et que tu te sentis perdu, ce fut une fois de plus comme un guide venu de ces nues insondables que nul encore n'a vues, ou nul jamais ne vit qui en fût revenu, qu'il te prit par la main.

Car enfin, tu les connaissais bien, et tu les comprenais, ces arbres qui chaque soir, sans que nul ne les voie, couraient en direction de l'eau ; dès qu'une ombre géante les imprégnait et bientôt les noyait : une ombre qui n'était plus la leur.

De même, tu les connaissais bien, et tu les comprenais, ces vagues noires et flasques qui se traînaient au creux des rochers trop sûr d'eux, qui machinalement mâchouillaient leurs déchets de plastique et de bois.

Et d'ailleurs, il s'en fallait de peu que de leurs borborygmes tu saches déduire un chant, et que même, parfois, des têtes de lions mourants s'y étant échoués et se sachant perdus rugissent dans leurs plus sombres anfractuosités.

Il s'en fallait de peu que dans la nuit naissante, avec ses étincelles au fond des cieux rivées, surgisse ce visage au rivage duquel, n'eût-il été mirage, ton voyage eût pris fin : celui que ton miroir eût adopté enfin, dont il se fût alors enfin fait un sosie sans que s'y glisse encore, trop commune méprise, l'empreinte de quelque intrus.

Il s'en fallait de peu, oui. Seulement, il était tiède encore, le sable que tu prenais dans le creux de tes mains afin d'en faire couler entre tes doigts le sang des songes coagulés, dont l'océan n'avait colporté que le chant, gardant par devers lui le cap et l'île auxquels tu t'immolais en vain.

Il était encore loin, le jour où la comète : celle qui pour toi seul portait un nom, étirerait l'espace ; et tel un arc-en-ciel au pied duquel eût gît un chaudron d'or offert, déposerait au creux de tes bras encore frêles et de tes mains emplies de perles et de rubis, l'indicible joyau de sa frimousse émue.

Tu as eu mille fois raison

Tu as eu raison, petit, de ne pas renoncer. Tu as eu mille fois raison de ne pas te laisser morbidement glisser à l'ombre de toi-même, et au lieu de cela de hisser et de tendre au risque de succomber, conquérant de toi-même, explorateur de l'âme, une voile effrayée par des vents vigoureux.

Car cela vaut la peine, d'avoir la mort aux trousses, quand le ciel postillonne une nuée d'oiseaux : des ailes égayées par un flot de senteurs qui d'îles en fleur s'égaillent. Et tes furieux orages, tes naufrages nombreux, et les plages sur lesquelles échouèrent cent noyés qui avaient ton visage, valaient bien le détour.

Et tu recommencerais, si c'était à refaire ; et tu l'implorerais encore, le tourmenterais encore, cet ange cent fois déchu qui modelait tes traits, et dont tu ne pouvais décemment espérer qu'il te dise « je t'aime » sans savoir qui tu étais. Pas une seule seconde tu n'hésiterais non plus, si c'était à refaire, à confier au potier dont les mains ont surgi de ton torse où glissait une vague puissante la masse encore informe qui devint ton visage.

Car pour qu'un peu plus tard ces mêmes mains tendues dans la nuit fassent offrande, il était impérieux qu'en celui qui dans l'ombre secrètement sombrait quelque torche s'allume et de sa flamme écorche la peau des cieux. Il était impérieux qu'en l'urne de son âme une étoile filante aux longs cheveux s'amorce, que son mental œdème – nocturne moisissure – exhale en songe un feu ; et que le fauve en lui, fauve depuis toujours soigneusement enfoui, se sachant vu débuche et aussitôt s'enfuie.

V

Gémellité

Dis-moi, l'enfant

Dis-moi, l'enfant : immarcescible enfant que j'emporte avec moi comme un vivant bagage... Que penses-tu de tout cela : de la mer, des nuages, du bruit que fait le vent qui passe sous la porte ; et du regard intense que t'adresse le chat ?

Que penses-tu, bonhomme, des rêves dont la mue me servit de parure ; des royaumes conquis à l'ombre d'un arbre dru, sans que nul ne le sache ; des fantômes passés au fil de mon épée, tandis que dans la nuit s'effritaient des châteaux que j'avais arpentés ; et du vautour odieux qui m'a longtemps suivi, dans l'espoir que ma soif me jette sur le sable ?

Dis-moi ce que tu penses de tout cela ; et si je fus fidèle au sourire ingénu qui ouvrait une fleur au bas de ton visage, à tes yeux grand ouverts comme ceux d'une bête à la lisière d'un bois, à l'orée sombre encore d'une clairière que l'aube en tapinois grignote.

Tu ne veux point répondre ? Tu opposes à ma requête le mutisme têtu des êtres qui estiment qu'ils n'existent plus ?

Soit ! Mais alors, quel est-il, ce souffle qui m'habite et contient des senteurs dont ma mémoire est seule à connaître l'ivresse ? Et à qui l'ai-je pris, ce regard qui se pose sur tout ce qui l'entoure comme un gros papillon qui divague sans cesse ; et qui sur une fleur à laquelle il ressemble, dans le balancement de sa tige fragile, envisage son poids ?

Je vous ressemble encore

Ecoute, petit. Ecoute bien, bonhomme, qui du lointain pays où cette photo fut prise me regardes sans me voir et pourtant me souris. Ecoute, te dis-je. Car c'est toi, qui en ce jour sous ma plume tremblante écris. C'est à toi que je dois aujourd'hui ces lignes d'outre-temps : des lignes que, pourtant, tu ne liras jamais.

Tu sais, je te ressemble encore, petit. Et je te reconnais, toi l'enfant qui jouait, qui courait, bondissait, et parfois se cachait dans le jardin, tout seul, merveilleusement seul : seul et pourtant suivi par cent mille hommes en armes aux féroces desseins, cent mille soldats allant conquérir un empire ; un empire dont tu serais, toi l'enfant qui jouait, qui courait, bondissait, évidemment le maître.

Et toi, l'adolescent blessé que l'âge avait trahi ; et qui allais recracher ton enfance pourrie à l'abri des regards de ceux que tu aimais, et bientôt la maudire comme un odieux mensonge ? A toi aussi, je ressemble toujours. Et même mieux encore, toi dont jusqu'aujourd'hui je me réclame comme d'un précurseur, d'un lointain éclaireur dont l'ancestrale vision me porte, me transporte au-delà de tout ce qui en chemin peut émonder une âme ; et qui tout au contraire la sauvegarde encore, préserve son éclat.

Je te ressemble encore, et je te reconnais, larve d'homme à laquelle le souffle subreptice et insidieux du temps, qui tel un loup s'avance sans que presque on le voie, avait jeté un sort ; et qui portais en toi, fâcheux et encombrant bagage, la fleur de ton cadavre à la saveur surie et aux âcres senteurs dont longtemps le relent charmerait ton miroir.

Je te ressemble encore, rescapé dont les jours distillaient un venin qui empoisonnait tes songes, et dont l'ombre orpheline en quête d'une silhouette qui la nomme et lui siée, d'une âme qui lise en elle, d'une âme qui la sache être ce qu'elle était, infatigablement cherchait – mais ne trouvait jamais.

Et toi aussi, trop jeune adulte encore aux mains blanches léchées par des spectres errants, des lémures épris d'une candeur caduque aux hommages hélas surannés et suspects, tu ressembles à celui qui me parle de toi et te parle en ami ; toi qui sur les chemins tendais en vain la fleur de ton visage en miettes à un soleil hurlant.

Toi aussi, que le jour injuriait pour n'être qu'un mensonge, et un mensonge auquel rien en toi ne croyait, je te regarde au loin, te regarde de loin, renaître en moi sans fin. Toi aussi, je te reconnais bien. Et je me rends bien compte, roche sans forme encore, monolithe intérieur qui allait prendre mes traits, à quel point en cette heure je te ressemble encore.

Et lorsque je vous prends tous les trois par la main : toi l'enfant de jadis, l'adolescent d'antan, l'adulte de naguère, ce n'est pas sans goûter cette indicible joie de celui dont le zèle a su plaire à son prince. Car c'est en son nom seul, au service d'une âme qui se voulut racée, que vous avez vaincu, à force de l'aimer, l'ogre miraculé qui dévorait la nuit dans son miroir un ange.

Et c'est encore à vous, uniquement à vous, que je dus d'invoquer, aux triomphants naufrages des nuits violées, la fleur dont le visage était aussi le mien ; et que dès lors, enfin, pour avoir bien chanté, je ne fus pas seulement écouté mais compris, et me suis endormi, étroitement blotti dans les doux bras de celle qui de ces deux brindilles m'a consolé.

L'attente

Je reviendrai, petit.
Je te jure que je reviendrai,
avait dit à l'enfant le voyageur sans nom ;

voyageur dont chacun connaissait l'existence,
mais dont nul au village ne savait rien.

Et longtemps
le garçon dévisagea la route obstinément déserte,
la route sur laquelle nul ne passait jamais ;

parce qu'il y avait des loups,
des sorcières, des assassins, des gnomes, des feux follets ;
et pire encore, partout, des hommes qui étaient prêts à tout
pour défendre leur terre.

Je reviendrai, petit.
Je te jure que je reviendrai,
avait dit à l'enfant l'inconnu de passage ;

       inconnu dont chacun connaissait l'existence,
           mais que lui seul avait vu.

Et depuis lors l'enfant,
affublé d'une canne et de beaux cheveux blancs,
dévisage la route obstinément déserte :

la route sur laquelle il n'y a plus ni loups,
ni sorcières, ni assassins, ni gnomes ni feux follets ;
mais par contre tant d'êtres qu'il a fort bien connus

       et dont les ombres au soir
         se promènent parfois
           sur la route
            déserte

           obstinément
            déserte

Va-t'en !

Il y a trop longtemps, l'enfant,
que tu erres et t'égares,
indécis et hagard,

aux abords du ruisseau
dont les eaux nous séparent.

Il y a trop longtemps
qu'auprès de cet immense lasso
tu attends,

et que sur moi je sens,
s'attarder la caresse de ton regard.

Il y a trop longtemps
que cet asticot tors
– passement serpentant –

te retient
dans un corps
qui n'est plus tien,

que pour ton plus grand tort
l'idée seule de cette eau, divin ichor,
t'y astreint.

Il y a trop longtemps
que sur la berge inverse à l'ubac où s'étend
un monde immense éteint,

tu diffères ton départ
vers celui que tu as de haute lutte atteint.

Il y a trop longtemps
que ton ombre étriquée te ment
et à mille tourments

constamment
te contraint.

Il y a trop longtemps
que cette ombre, indûment
et cependant toujours plus tendrement

intérieurement
t'étreint.

Il y a trop longtemps
que plus rien en toi n'avance

et que dans le pays où croupit ta mémoire
une créature éprise de son miroir

compulse ses grimoires
dans d'intimes secousses de remembrances.

Il y a trop longtemps
que tu entonnes la romance

d'une défunte enfance
dont le glas seul s'entend,

et qu'un ahurissant silence
au plus profond de toi s'étend.

*

Il y a trop longtemps, l'enfant.
Et va-t'en, maintenant.
Va-t'en !

VI

Retour

Longtemps

Longtemps je me suis enfoncé dans une nuit obtuse où ma bouche n'avait que des sourires navrés, des rires qui se frayaient un semblant de chemin dans la jungle inviolée de mes désirs sauvages, des baisers envolés qui devenaient nuages et me pleuvaient dessus quand la bure de mon ombre enveloppait mon corps qui s'était affalé.

Longtemps je me suis égaré dans des rues qui étiraient leurs balafres flanquées de fenêtres crevées, dans la ville éventrée par l'ivresse à laquelle je devais mon courage.

Et longtemps je me suis en secret inutilement enfui sous l'invisible escorte d'un charognard choyé, puis d'autres fois enfoui sous l'aile touffue d'un ange dont j'étais à la fois le dompteur et l'otage.

Mais aujourd'hui, ce n'est plus parce qu'un monstre erratique y mugit, ni même pour parler de celui que je fus, mais parce qu'un bouquet versicolore l'emplit, que ma bouche, parfois, se rouvre dans la nuit nue.

Et ce n'est plus non plus afin de m'épargner le spectacle du gouffre du fond duquel montait l'appel d'un ange noir qui revêtait mes traits, mais au contraire afin de préserver mes yeux de l'intense lumière qui sans fin les assiège, que mes paupières desquelles se jetèrent longtemps d'immenses rivières se ferment.

Moissons

Les moissons ont sonné. J'ouvre mes bras forgés dans l'horizon rebelle. Javelles et gerbes font à ma sueur féconde l'offrande d'un noble effort. Car celui qui naguère en hurlant a semé invoquait en cela d'intimes divinités, et tout à tout jamais m'est devenu fertile. Le monde éclos s'avance et en chaque brin d'herbe prodigalement s'énonce, comme toute vague ailée qui s'échoue sur le sable résume son océan.

Gyrovague je fus, sédentaire je suis. Car je ne suis plus un homme que le voyage appelle, que l'errance effiloche dans des villes où rugissent mille désirs blessés. Et de mon long périple, j'appris à honorer, une fois parvenu à l'intime lisière de la parole ignée, la fleur et le prodige de ma dépouille : celle de qui mourut pour que je fusse sauvé ; celle de qui me ressemble – ou qui m'a ressemblé – mais duquel mieux encore ce destin me dissemble.

Car aujourd'hui je suis celui qui sans cela n'aurait jamais été. Je suis un homme nu. Mon visage est de ceux qui se laissent piller par les regards qui passent. Il est une fenêtre à laquelle je me penche sans ne plus rien cacher. Car tout y est à prendre, qui a déposé les armes ; et avant toute chose, son bouclier.

Nul au monde ne sait jusqu'où je suis allé, et l'on ne voit de moi que les rides légères que quelques années de plus ont creusées çà et là. On ne sait guère de moi qu'une douceur étrange que j'aurais contractée dans quelque pays lointain, comme une maladie réputée incurable ; et dont on ne saurait ni l'issue ni la cause.

Mais moi je sais très bien qui je suis désormais. Je sais que désormais l'horizon qui s'empourpre ne m'emportera plus, qu'il n'est plus rien en moi qui veuille plus d'un visage, et que je l'attendrai, là où je suis, toujours, moissonnant sans répit pour tromper mon ennui ; jusqu'à ce qu'il survienne, se pose sur mon épaule pour que je le protège, ou que la mort plus prompte dans sa quête m'appelle ; et qu'enfin je me taise et demeure où je suis, à la fois invincible et à jamais détruit.

Mon arbre

Pourquoi ne resterais-je pas ici, au confluent des eaux qui ont inventé ma soif ? Pourquoi ne resterais-je pas tranquillement assis sous l'arbre qui surplombe l'entrée de ma maison, à écouter chanter les mille sources auxquelles je dois d'être celui que j'ai longtemps cherché ?

Car il y a longtemps que nul ne m'attend plus sur les chemins tordus qui divaguent au fond des plaines fatiguées ou au contraire prétendent ligoter les montagnes qu'ils ceignent de leur mieux.

Il y a déjà longtemps que plus aucun démon dont je ne sache tout (à commencer d'ailleurs par les armes desquelles il aime faire usage) ne se cache derrière les attrayants buissons truffés de fruits sauvages, ni dans les hautes herbes dans lesquelles il est bon de se laisser glisser et de laisser ses yeux contempler les nuages.

Alors, mon arbre, c'est à toi que revient la mission de bercer mes vieux jours. C'est à toi qu'incombe maintenant la tâche délicate d'offrir à mes pensées leur pitance quotidienne. C'est à toi seul, mon arbre, que je confie, enfin, ce qu'il reste de mon émoi, pour ne pas dire – déjà – ce qu'il reste de moi.

Et surtout, c'est à toi, uniquement à toi, que je confie le soin de me rendre à moi-même, comme on ramène auprès de ses parents en pleurs un enfant qui s'était par malheur égaré ; qui s'était égaré longtemps auparavant, presque aux confins de soi, là où toute mémoire elle-même s'égare, mais que jamais – jamais – ceux qui l'avaient choyé n'avaient cessé d'attendre.

C'est à toi, mon arbre, mon arbre qui m'attendit de longues années durant et durant tout ce temps au seuil de ma maison grandit, que revient le défi de faire fleurir en moi les toutes dernières boutures de cette mésaventure qu'on appelle « la vie », et d'y faire de jour en jour, indéfectiblement, croître la joie secrète qui s'élabore et sourd comme l'eau d'une fontaine qui se serait ouverte à même un roc sec.

Vieillesse

Tu verras,
les beaux jours reviendront.
Et nous serons heureux.

Nous serons là,
tous deux,

comme des fleurs
offertes à leur propre senteur
et qui savent qu'elles sont investies de beauté.

Nous serons là,
tous deux,

et tu prendras ma main
en regardant le soir enivrer les grands arbres
qui bordent le jardin.

Tu me regarderas,
et j'écouterai ton souffle,

comme à travers la porte on écoute le vent
ou la truffe d'un chien qu'une route recrache
et qui s'est approché pour nous dédier sa faim.

Tu me regarderas,
et tes yeux seront ceux d'un être sans tristesse
et que la vie exauce à chaque pas qu'il fait.

Mais à aucun moment tu n'ouvriras la bouche.
Pas une seule fois les flammes de tes lèvres n'onduleront
pour me dire qu'enfin tu m'aimes,
et que le soir est beau.

Car on ne sera plus en cette heure
où les mots nous imposent leur règne
où d'ardentes paroles empruntent et trahissent de l'âme l'aile,

mais en celle qui étreint
comme un fleuve poussé par sa lente sagesse,
et que la mer en lui, pour unique réponse,
muettement appelle.

Rideau

Derrière sa fenêtre, raide comme une église,
un homme sans mémoire apprivoise un jardin.
Ses pensées, quelquefois, s'égarent sur des chemins
où l'attendent des gens dont il ne sait plus rien.

Et des chiens le reniflent,
qui ressemblent aux chiens qu'il a jadis aimés.
Et sur sa peau fripée des mains de femmes glissent,
et deviennent fumée.

Derrière sa fenêtre, comme un cierge blafard,
un homme sans mémoire apprivoise un jardin.
Son front parfois se plisse face à la pluie qui danse
et dans son œil scintille une réminiscence.

Et des songes l'effleurent,
comme un cygne qui froisse la surface de l'eau.
Et sur sa bouche lasse un sourire s'esquisse ;
puis l'espace s'éteint, la nuit tombe – rideau !

Voyage

Des nuages ont passé,
serrant quelques instants de leur poigne sinistre
des campagnes inquiètes.

Des hommes en goguette, dont bien souvent j'étais,
ont traîné dans les rues le fardeau de leur âme
qu'une blessure hantait.

Dans quelques cours d'école, à l'heure de la récré,
des hordes d'enfants en feu, parmi lesquels je fus,
se sont précipités et ont éclaboussé.

Et des fleurs ont poussé, qu'on ne voyait bouger,
mille vagues ont glissé sur le sable par elles autant de fois
lissé, la lune s'est penchée mille fois sur la mer ;

et des chiens amoureux,
comme peut-être seuls savent l'être les chiens,
ont posé dans ma main leur museau rassuré.

Oh !
Quel beau voyage nous avons fait,
mon âme.

- Lisière 9

- Emissaire 27

- Sentinelle 35

- Parcours 49

- Gémellité 63

- Retour 77